AGENDA ETUDIANT 2019-2020

CE PLANIFICATEUR APPARTIENT À:

NOM:

ANNIVERSAIRE:

ADRESSE:

CODE POSTAL:

MOBILE NUMÉRO: EMAIL:

ÉCOLE: CLASSE:

MES CONTACTS

NOM	NOM
ADRESSE	ADRESSE
EMAIL	EMAIL
HANDY	HANDY

NOM	NOM
ADRESSE	ADRESSE
EMAIL	EMAIL
HANDY	HANDY

NOM	NOM
ADRESSE	ADRESSE
EMAIL	EMAIL
HANDY	HANDY

NOM	NOM
ADRESSE	ADRESSE
EMAIL	EMAIL
HANDY	HANDY

NOM		NOM	
ADRESSE		ADRESSE	
EMAIL		EMAIL	
HANDY		HANDY	

NOM		NOM	
ADRESSE		ADRESSE	
EMAIL		EMAIL	
HANDY		HANDY	

NOM		NOM	
ADRESSE		ADRESSE	
EMAIL		EMAIL	
HANDY		HANDY	

NOM		NOM	
ADRESSE		ADRESSE	
EMAIL		EMAIL	
HANDY		HANDY	

MES OBJECTIFS

★ ★ ANNIVERSAIRES ★ ★

NOM	DATE		DATE	NOM

2019

JAN 2019
LU	MA	ME	JE	VE	SA	DI
	1	2	3	4	5	6
7	8	9	10	11	12	13
14	15	16	17	18	19	20
21	22	23	24	25	26	27
28	29	30	31			

FÉV 2019
LU	MA	ME	JE	VE	SA	DI
				1	2	3
4	5	6	7	8	9	10
11	12	13	14	15	16	17
18	19	20	21	22	23	24
25	26	27	28			

MAR 2019
LU	MA	ME	JE	VE	SA	DI
				1	2	3
4	5	6	7	8	9	10
11	12	13	14	15	16	17
18	19	20	21	22	23	24
25	26	27	28	29	30	31

AVR 2019
LU	MA	ME	JE	VE	SA	DI
1	2	3	4	5	6	7
8	9	10	11	12	13	14
15	16	17	18	19	20	21
22	23	24	25	26	27	28
29	30					

MAI 2019
LU	MA	ME	JE	VE	SA	DI
		1	2	3	4	5
6	7	8	9	10	11	12
13	14	15	16	17	18	19
20	21	22	23	24	25	26
27	28	29	30	31		

JUIN 2019
LU	MA	ME	JE	VE	SA	DI
					1	2
3	4	5	6	7	8	9
10	11	12	13	14	15	16
17	18	19	20	21	22	23
24	25	26	27	28	29	30

JUIL 2019
LU	MA	ME	JE	VE	SA	DI
1	2	3	4	5	6	7
8	9	10	11	12	13	14
15	16	17	18	19	20	21
22	23	24	25	26	27	28
29	30	31				

AOÛT 2019
LU	MA	ME	JE	VE	SA	DI
			1	2	3	4
5	6	7	8	9	10	11
12	13	14	15	16	17	18
19	20	21	22	23	24	25
26	27	28	29	30	31	

SEP 2019
LU	MA	ME	JE	VE	SA	DI
						1
2	3	4	5	6	7	8
9	10	11	12	13	14	15
16	17	18	19	20	21	22
23	24	25	26	27	28	29
30						

OCT 2019
LU	MA	ME	JE	VE	SA	DI
1	2	3	4	5	6	
7	8	9	10	11	12	13
14	15	16	17	18	19	20
21	22	23	24	25	26	27
28	29	30	31			

NOV 2019
LU	MA	ME	JE	VE	SA	DI
				1	2	3
4	5	6	7	8	9	10
11	12	13	14	15	16	17
18	19	20	21	22	23	24
25	26	27	28	29	30	

DÉC 2019
LU	MA	ME	JE	VE	SA	DI
						1
2	3	4	5	6	7	8
9	10	11	12	13	14	15
16	17	18	19	20	21	22
23	24	25	26	27	28	29
30	31					

2020

JAN 2020
LU	MA	ME	JE	VE	SA	DI
		1	2	3	4	5
6	7	8	9	10	11	12
13	14	15	16	17	18	19
20	21	22	23	24	25	26
27	28	29	30	31		

FÉV 2020
LU	MA	ME	JE	VE	SA	DI
					1	2
3	4	5	6	7	8	9
10	11	12	13	14	15	16
17	18	19	20	21	22	23
24	25	26	27	28	29	

MAR 2020
LU	MA	ME	JE	VE	SA	DI
						1
2	3	4	5	6	7	8
9	10	11	12	13	14	15
16	17	18	19	20	21	22
23	24	25	26	27	28	29
30	31					

AVR 2020
LU	MA	ME	JE	VE	SA	DI
		1	2	3	4	5
6	7	8	9	10	11	12
13	14	15	16	17	18	19
20	21	22	23	24	25	26
27	28	29	30			

MAI 2020
LU	MA	ME	JE	VE	SA	DI
				1	2	3
4	5	6	7	8	9	10
11	12	13	14	15	16	17
18	19	20	21	22	23	24
25	26	27	28	29	30	31

JUIN 2020
LU	MA	ME	JE	VE	SA	DI
1	2	3	4	5	6	7
8	9	10	11	12	13	14
15	16	17	18	19	20	21
22	23	24	25	26	27	28
29	30					

JUIL 2020
LU	MA	ME	JE	VE	SA	DI
		1	2	3	4	5
6	7	8	9	10	11	12
13	14	15	16	17	18	19
20	21	22	23	24	25	26
27	28	29	30	31		

AOÛT 2020
LU	MA	ME	JE	VE	SA	DI
					1	2
3	4	5	6	7	8	9
10	11	12	13	14	15	16
17	18	19	20	21	22	23
24	25	26	27	28	29	30
31						

SEP 2020
LU	MA	ME	JE	VE	SA	DI
	1	2	3	4	5	6
7	8	9	10	11	12	13
14	15	16	17	18	19	20
21	22	23	24	25	26	27
28	29	30				

OCT 2020
LU	MA	ME	JE	VE	SA	DI
			1	2	3	4
5	6	7	8	9	10	11
12	13	14	15	16	17	18
19	20	21	22	23	24	25
26	27	28	29	30	31	

NOV 2020
LU	MA	ME	JE	VE	SA	DI
						1
2	3	4	5	6	7	8
9	10	11	12	13	14	15
16	17	18	19	20	21	22
23	24	25	26	27	28	29
30						

DÉC 2020
LU	MA	ME	JE	VE	SA	DI
	1	2	3	4	5	6
7	8	9	10	11	12	13
14	15	16	17	18	19	20
21	22	23	24	25	26	27
28	29	30	31			

FÊTES LÉGALES EN FRANCE 2019-2021

	2019	2020	2021
LE JOUR DE L'AN	01.01	01.01	01.01
PÂQUES	22.04	13.04	05.04
FÊTE DU TRAVAIL	01.05	01.05	01.05
LA VICTOIRE DE 1945	08.05	08.05	08.05
L'ASCENSION	30.05	21.05	13.05
PENTECÔTE	10.06	01.06	24.05
FÊTE NATIONALE	14.07	14.07	14.07
L'ASSOMPTION	15.08	15.08	15.08
LA TOUSSAINT	01.11	01.11	01.11
L'ARMISTICE	11.11	11.11	11.11
NOEL	25.12	25.12	25.12

FÊTES LÉGALES EN ALSACES 2019-2021

	2019	2020	2021
VENDREDI SAINT	19.04	10.04	02.04
2E JOUR DE NOEL	26.12	26.12	26.12

VACANCES SCOLAIRES 2019-2020

	ZONE A	ZONE B	ZONE C
RENTRÉE SCOLAIRE 2019	06.07.2019 - 02.09.2019		
VACANCES DE LA TOUSSAINT 2019	19.10.2019 - 04.11.2019		
VACANCES DE NOEL 2019	21.12.2019 - 06.01.2020		
VACANCES D'HIVER 2020	22.02.-09.03	15.02.-02.03	08.02.-24.02
VACANCES DE PRINTEMPS 2020	18.04.-04.05	11.04.-27.04	04.04.-20.04.
PONT DE L'ASCENSION	20.05.2020 - 25.05.2020		
GRANDES VACANCES 2020	04.07.2020 - ...		

ZONE A	Besançon, Bordeaux, Clermont-Ferrand, Dijon, Grenoble, Limoges, Lyon, Poitiers
ZONE B	Aix-Marseille, Amiens, Caen, Lille, Nancy-Metz, Nantes, Nice, Orléans-Tours, Reims, Rennes, Rouen, Strasbourg
ZONE C	Créteil, Montpellier, Paris, Toulouse, Versailles

AOÛT 2019

01	JE	
02	VE	
03	SA	
04	DI	
05	LU	32
06	MA	
07	ME	
08	JE	
09	VE	
10	SA	
11	DI	
12	LU	33
13	MA	
14	ME	
15	JE	
16	VE	
17	SA	
18	DI	
19	LU	34
20	MA	
21	ME	
22	JE	
23	VE	
24	SA	
25	DI	
26	LU	35
27	MA	
28	ME	
29	JE	
30	VE	
31	SA	

SEPTEMBRE

01	DI	
02	LU	36
03	MA	
04	ME	
05	JE	
06	VE	
07	SA	
08	DI	
09	LU	37
10	MA	
11	ME	
12	JE	
13	VE	
14	SA	
15	DI	
16	LU	38
17	MA	
18	ME	
19	JE	
20	VE	
21	SA	
22	DI	
23	LU	39
24	MA	
25	ME	
26	JE	
27	VE	
28	SA	
29	DI	
30	LU	40

		OCTOBRE				NOVEMBRE	
01	MA			01	VE		
02	ME			02	SA		
03	JE			03	DI		
04	VE			04	LU		45
05	SA			05	MA		
06	DI			06	ME		
07	LU		41	07	JE		
08	MA			08	VE		
09	ME			09	SA		
10	JE			10	DI		
11	VE			11	LU		46
12	SA			12	MA		
13	DI			13	ME		
14	LU		42	14	JE		
15	MA			15	VE		
16	ME			16	SA		
17	JE			17	DI		
18	VE			18	LU		47
19	SA			19	MA		
20	DI			20	ME		
21	LU		43	21	JE		
22	MA			22	VE		
23	ME			23	SA		
24	JE			24	DI		
25	VE			25	LU		48
26	SA			26	MA		
27	DI			27	ME		
28	LU		44	28	JE		
29	MA			29	VE		
30	ME			30	SA		
31	JE						

DÉCEMBRE

01	DI		
02	LU		49
03	MA		
04	ME		
05	JE		
06	VE		
07	SA		
08	DI		
09	LU		50
10	MA		
11	ME		
12	JE		
13	VE		
14	SA		
15	DI		
16	LU		51
17	MA		
18	ME		
19	JE		
20	VE		
21	SA		
22	DI		
23	LU		52
24	MA		
25	ME		
26	JE		
27	VE		
28	SA		
29	DI		
30	LU		01
31	MA		

JANVIER 2020

01	ME		
02	JE		
03	VE		
04	SA		
05	DI		
06	LU		02
07	MA		
08	ME		
09	JE		
10	VE		
11	SA		
12	DI		
13	LU		03
14	MA		
15	ME		
16	JE		
17	VE		
18	SA		
19	DI		
20	LU		04
21	MA		
22	ME		
23	JE		
24	VE		
25	SA		
26	DI		
27	LU		05
28	MA		
29	ME		
30	JE		
31	VE		

	FÉVRIER			MARS	
01	SA		01	DI	
02	DI		02	LU	10
03	LU	06	03	MA	
04	MA		04	ME	
05	ME		05	JE	
06	JE		06	VE	
07	VE		07	SA	
08	SA		08	DI	
09	DI		09	LU	11
10	LU	07	10	MA	
11	MA		11	ME	
12	ME		12	JE	
13	JE		13	VE	
14	VE		14	SA	
15	SA		15	DI	
16	DI		16	LU	12
17	LU	08	17	MA	
18	MA		18	ME	
19	ME		19	JE	
20	JE		20	VE	
21	VE		21	SA	
22	SA		22	DI	
23	DI		23	LU	13
24	LU	09	24	MA	
25	MA		25	ME	
26	ME		26	JE	
27	JE		27	VE	
28	VE		28	SA	
29	SA		29	DI	
			30	LU	14
			31	MA	

		AVRIL			MAI	
01	ME		01	VE	
02	JE		02	SA	
03	VE		03	DI	
04	SA		04	LU	19
05	DI		05	MA	
06	LU	15	06	ME	
07	MA		07	JE	
08	ME		08	VE	
09	JE		09	SA	
10	VE		10	DI	
11	SA		11	LU	20
12	DI		12	MA	
13	LU	16	13	ME	
14	MA		14	JE	
15	ME		15	VE	
16	JE		16	SA	
17	VE		17	DI	
18	SA		18	LU	21
19	DI		19	MA	
20	LU	17	20	ME	
21	MA		21	JE	
22	ME		22	VE	
23	JE		23	SA	
24	VE		24	DI	
25	SA		25	LU	22
26	DI		26	MA	
27	LU	18	27	ME	
28	MA		28	JE	
29	ME		29	VE	
30	JE		30	SA	
			31	DI	

# JUIN			

01	LU		23
02	MA		
03	ME		
04	JE		
05	VE		
06	SA		
07	DI		
08	LU		24
09	MA		
10	ME		
11	JE		
12	VE		
13	SA		
14	DI		
15	LU		25
16	MA		
17	ME		
18	JE		
19	VE		
20	SA		
21	DI		
22	LU		26
23	MA		
24	ME		
25	JE		
26	VE		
27	SA		
28	DI		
29	LU		27
30	MA		

# JUILLET			

01	ME		
02	JE		
03	VE		
04	SA		
05	DI		
06	LU		28
07	MA		
08	ME		
09	JE		
10	VE		
11	SA		
12	DI		
13	LU		29
14	MA		
15	ME		
16	JE		
17	VE		
18	SA		
19	DI		
20	LU		30
21	MA		
22	ME		
23	JE		
24	VE		
25	SA		
26	DI		
27	LU		31
28	MA		
29	ME		
30	JE		
31	VE		

AOÛT

01	SA	
02	DI	
03	LU	32
04	MA	
05	ME	
06	JE	
07	VE	
08	SA	
09	DI	
10	LU	33
11	MA	
12	ME	
13	JE	
14	VE	
15	SA	
16	DI	
17	LU	34
18	MA	
19	ME	
20	JE	
21	VE	
22	SA	
23	DI	
24	LU	35
25	MA	
26	ME	
27	JE	
28	VE	
29	SA	
30	DI	
31	LU	36

NOTES

EMPLOI DU TEMPS

ZEIT	LUNDI	MARDI	MERCREDI

JEUDI	VENDREDI	SAMEDI	DIMANCHE

EMPLOI DU TEMPS

ZEIT	LUNDI	MARDI	MERCREDI

EXAMENS

_____
_____
_____
_____
_____
_____
_____
_____
_____

DATES IMPORTANTES

_____
_____
_____
_____
_____
_____
_____
_____

AOÛT

LUNDI	MARDI	MERCREDI
29	30	31
5	6	7
12	13	14
19	20	21
26	27	28

2019

JEUDI	VENDREDI	SAMEDI	DIMANCHE
1	2	3	4
8	9	10	11
15	16	17	18
22	23	24	25
29	30	31	1

SEMAINE 31

LUNDI
29
JUILLET

☐
☐
☐
☐
☐
☐
☐

MARDI
30
JUILLET

☐
☐
☐
☐
☐
☐
☐

MERCREDI
31
JUILLET

☐
☐
☐
☐
☐
☐
☐

JEUDI
01
AOÛT

☐
☐
☐
☐
☐
☐
☐

VENDREDI

02
AOÛT

☐
☐
☐
☐
☐
☐
☐
☐

SAMEDI

03
AOÛT

☐
☐
☐
☐
☐
☐
☐
☐

DIMANCHE

04
AOÛT

☐
☐
☐
☐
☐
☐
☐
☐

LUNDI
05
AOÛT

☐

MARDI
06
AOÛT

☐

MERCREDI
07
AOÛT

☐

JEUDI
08
AOÛT

☐

VENDREDI

09
AOÛT

☐
☐
☐
☐
☐
☐
☐

SAMEDI

10
AOÛT

☐
☐
☐
☐
☐
☐
☐

DIMANCHE

11
AOÛT

☐
☐
☐
☐
☐
☐
☐

LUNDI

12
AOÛT

MARDI

13
AOÛT

MERCREDI

14
AOÛT

JEUDI

15
AOÛT

VENDREDI

16
AOÛT

☐
☐
☐
☐
☐
☐
☐

SAMEDI

17
AOÛT

☐
☐
☐
☐
☐
☐
☐

DIMANCHE

18
AOÛT

☐
☐
☐
☐
☐
☐
☐

SEMAINE 34

LUNDI
19
AOÛT

MARDI
20
AOÛT

MERCREDI
21
AOÛT

JEUDI
22
AOÛT

VENDREDI

23

AOÛT

☐
☐
☐
☐
☐
☐
☐

SAMEDI

24

AOÛT

☐
☐
☐
☐
☐
☐
☐

DIMANCHE

25

AOÛT

☐
☐
☐
☐
☐
☐
☐

SEMAINE 35

LUNDI
26
AOÛT

☐
☐
☐
☐
☐
☐
☐

MARDI
27
AOÛT

☐
☐
☐
☐
☐
☐
☐

MERCREDI
28
AOÛT

☐
☐
☐
☐
☐
☐
☐

JEUDI
29
AOÛT

☐
☐
☐
☐
☐
☐
☐

VENDREDI

30

AOÛT

☐
☐
☐
☐
☐
☐
☐

SAMEDI

31

AOÛT

☐
☐
☐
☐
☐
☐
☐

DIMANCHE

01

SEPTEMBRE

☐
☐
☐
☐
☐
☐
☐

AOÛT 2019

LU	MA	ME	JE	VE	SA	DI
			1	2	3	4
5	6	7	8	9	10	11
12	13	14	15	16	17	18
19	20	21	22	23	24	25
26	27	28	29	30	31	

EXAMENS

_____
_____
_____
_____
_____
_____
_____
_____
_____

DATES IMPORTANTES

_____
_____
_____
_____
_____
_____
_____
_____
_____

OCT 2019

LU	MA	ME	JE	VE	SA	DI
	1	2	3	4	5	6
7	8	9	10	11	12	13
14	15	16	17	18	19	20
21	22	23	24	25	26	27
28	29	30	31			

SEPTEMBRE

LUNDI	MARDI	MERCREDI
26	27	28
2	3	4
9	10	11
16	17	18
23	24	25
30	1	2

2019

JEUDI	VENDREDI	SAMEDI	DIMANCHE
29	30	31	1
5	6	7	8
12	13	14	15
19	20	21	22
26	27	28	29
3	4	5	6

SEMAINE 36

LUNDI
02
SEPTEMBRE

☐
☐
☐
☐
☐
☐
☐

MARDI
03
SEPTEMBRE

☐
☐
☐
☐
☐
☐
☐

MERCREDI
04
SEPTEMBRE

☐
☐
☐
☐
☐
☐
☐

JEUDI
05
SEPTEMBRE

☐
☐
☐
☐
☐
☐
☐

VENDREDI

06

SEPTEMBRE

☐
☐
☐
☐
☐
☐
☐

SAMEDI

07

SEPTEMBRE

☐
☐
☐
☐
☐
☐
☐

DIMANCHE

08

SEPTEMBRE

☐
☐
☐
☐
☐
☐
☐

LUNDI

09

SEPTEMBRE

MARDI

10

SEPTEMBRE

MERCREDI

11

SEPTEMBRE

JEUDI

12

SEPTEMBRE

VENDREDI

13

SEPTEMBRE

SAMEDI

14

SEPTEMBRE

DIMANCHE

15

SEPTEMBRE

SEMAINE 38

LUNDI
16
SEPTEMBRE

☐
☐
☐
☐
☐
☐
☐

MARDI
17
SEPTEMBRE

☐
☐
☐
☐
☐
☐
☐

MERCREDI
18
SEPTEMBRE

☐
☐
☐
☐
☐
☐
☐

JEUDI
19
SEPTEMBRE

☐
☐
☐
☐
☐
☐
☐

VENDREDI

20

SEPTEMBRE

☐
☐
☐
☐
☐
☐
☐

SAMEDI

21

SEPTEMBRE

☐
☐
☐
☐
☐
☐
☐

DIMANCHE

22

SEPTEMBRE

☐
☐
☐
☐
☐
☐
☐

SEMAINE 39

LUNDI
23
SEPTEMBRE

MARDI
24
SEPTEMBRE

MERCREDI
25
SEPTEMBRE

JEUDI
26
SEPTEMBRE

VENDREDI

27

SEPTEMBRE

☐
☐
☐
☐
☐
☐
☐

SAMEDI

28

SEPTEMBRE

☐
☐
☐
☐
☐
☐
☐

DIMANCHE

29

SEPTEMBRE

☐
☐
☐
☐
☐
☐
☐

SEPT 2019

LU	MA	ME	JE	VE	SA	DI
						1
2	3	4	5	6	7	8
9	10	11	12	13	14	15
16	17	18	19	20	21	22
23	24	25	26	27	28	29
30						

EXAMENS

_____
_____
_____
_____
_____
_____
_____
_____
_____
_____

DATES IMPORTANTES

_____
_____
_____
_____
_____
_____
_____
_____

NOV 2019

LU	MA	ME	JE	VE	SA	DI
					1	2	3
4	5	6	7	8	9	10
11	12	13	14	15	16	17
18	19	20	21	22	23	24
25	26	27	28	29	30	

OCTOBRE

LUNDI	MARDI	MERCREDI
30	1	2
7	8	9
14	15	16
21	22	23
28	29	30

2019

JEUDI	VENDREDI	SAMEDI	DIMANCHE
3	4	5	6
10	11	12	13
17	18	19	20
24	25	26	27
31	1	2	3

LUNDI
30
SEPTEMBRE

MARDI
01
OCTOBRE

MERCREDI
02
OCTOBRE

JEUDI
03
OCTOBRE

VENDREDI

04
OCTOBRE

☐
☐
☐
☐
☐
☐
☐

SAMEDI

05
OCTOBRE

☐
☐
☐
☐
☐
☐
☐

DIMANCHE

06
OCTOBRE

☐
☐
☐
☐
☐
☐
☐

SEMAINE 41

LUNDI
07
OCTOBRE

MARDI
08
OCTOBRE

MERCREDI
09
OCTOBRE

JEUDI
10
OCTOBRE

VENDREDI

11

OCTOBRE

☐
☐
☐
☐
☐
☐
☐

SAMEDI

12

OCTOBRE

☐
☐
☐
☐
☐
☐
☐

DIMANCHE

13

OCTOBRE

☐
☐
☐
☐
☐
☐
☐

SEMAINE 42

LUNDI
14
OCTOBRE

MARDI
15
OCTOBRE

MERCREDI
16
OCTOBRE

JEUDI
17
OCTOBRE

OCTOBRE 2019

VENDREDI

18
OCTOBRE

☐
☐
☐
☐
☐
☐
☐

SAMEDI

19
OCTOBRE

☐
☐
☐
☐
☐
☐
☐

DIMANCHE

20
OCTOBRE

☐
☐
☐
☐
☐
☐
☐

SEMAINE 43

LUNDI
21
OCTOBRE

MARDI
22
OCTOBRE

MERCREDI
23
OCTOBRE

JEUDI
24
OCTOBRE

VENDREDI

25

OCTOBRE

☐
☐
☐
☐
☐
☐
☐

SAMEDI

26

OCTOBRE

☐
☐
☐
☐
☐
☐
☐

DIMANCHE

27

OCTOBRE

☐
☐
☐
☐
☐
☐
☐

SEMAINE 44

LUNDI
28
OCTOBRE

- [ ]
- [ ]
- [ ]
- [ ]
- [ ]
- [ ]
- [ ]
- [ ]

MARDI
29
OCTOBRE

- [ ]
- [ ]
- [ ]
- [ ]
- [ ]
- [ ]
- [ ]

MERCREDI
30
OCTOBRE

- [ ]
- [ ]
- [ ]
- [ ]
- [ ]
- [ ]
- [ ]

JEUDI
31
OCTOBRE

- [ ]
- [ ]
- [ ]
- [ ]
- [ ]
- [ ]
- [ ]

VENDREDI

01

NOVEMBRE

☐
☐
☐
☐
☐
☐
☐

SAMEDI

02

NOVEMBRE

☐
☐
☐
☐
☐
☐
☐

DIMANCHE

03

NOVEMBRE

☐
☐
☐
☐
☐
☐
☐

EXAMENS

_____
_____
_____
_____
_____
_____
_____
_____
_____
_____

DATES IMPORTANTES

_____
_____
_____
_____
_____
_____
_____

NOVEMBRE

LUNDI	MARDI	MERCREDI
28	29	30
4	5	6
11	12	13
18	19	20
25	26	27

2019

JEUDI	VENDREDI	SAMEDI	DIMANCHE
31	1	2	3
7	8	9	10
14	15	16	17
21	22	23	24
28	29	30	1

LUNDI

04

NOVEMBRE

MARDI

05

NOVEMBRE

MERCREDI

06

NOVEMBRE

JEUDI

07

NOVEMBRE

VENDREDI

08
NOVEMBRE

☐
☐
☐
☐
☐
☐
☐

SAMEDI

09
NOVEMBRE

☐
☐
☐
☐
☐
☐
☐

DIMANCHE

10
NOVEMBRE

☐
☐
☐
☐
☐
☐
☐

SEMAINE 46

LUNDI
11
NOVEMBRE

☐
☐
☐
☐
☐
☐
☐

MARDI
12
NOVEMBRE

☐
☐
☐
☐
☐
☐
☐

MERCREDI
13
NOVEMBRE

☐
☐
☐
☐
☐
☐
☐

JEUDI
14
NOVEMBRE

☐
☐
☐
☐
☐
☐
☐

VENDREDI

15

NOVEMBRE

☐
☐
☐
☐
☐
☐
☐

SAMEDI

16

NOVEMBRE

☐
☐
☐
☐
☐
☐
☐

DIMANCHE

17

NOVEMBRE

☐
☐
☐
☐
☐
☐
☐

LUNDI

18
NOVEMBRE

MARDI

19
NOVEMBRE

MERCREDI

20
NOVEMBRE

JEUDI

21
NOVEMBRE

VENDREDI

22

NOVEMBRE

SAMEDI

23

NOVEMBRE

DIMANCHE

24

NOVEMBRE

LUNDI

25

NOVEMBRE

MARDI

26

NOVEMBRE

MERCREDI

27

NOVEMBRE

JEUDI

28

NOVEMBRE

VENDREDI

29

NOVEMBRE

SAMEDI

30

NOVEMBRE

DIMANCHE

01

DÉCEMBRE

NOV 2019

LU MA ME JE VE SA DI

					1	2	3
4	5	6	7	8	9	10
11	12	13	14	15	16	17
18	19	20	21	22	23	24
25	26	27	28	29	30

EXAMENS

_____

_____

_____

_____

_____

_____

_____

_____

DATES IMPORTANTES

_____

_____

_____

_____

_____

_____

JAN 2020

LU MA ME JE VE SA DI

			1	2	3	4	5
6	7	8	9	10	11	12
13	14	15	16	17	18	19
20	21	22	23	24	25	26
27	28	29	30	31

DECEMBRE

LUNDI	MARDI	MERCREDI
25	26	27
2	3	4
9	10	11
16	17	18
23	24	25
30	31	1

2019

JEUDI	VENDREDI	SAMEDI	DIMANCHE
28	29	30	1
5	6	7	8
12	13	14	15
19	20	21	22
26	27	28	29
2	3	4	5

SEMAINE 49

LUNDI
02
DÉCEMBRE

MARDI
03
DÉCEMBRE

MERCREDI
04
DÉCEMBRE

JEUDI
05
DÉCEMBRE

VENDREDI

06
DÉCEMBRE

☐
☐
☐
☐
☐
☐
☐

SAMEDI

07
DÉCEMBRE

☐
☐
☐
☐
☐
☐
☐

DIMANCHE

08
DÉCEMBRE

☐
☐
☐
☐
☐
☐
☐

SEMAINE 50

LUNDI
09
DÉCEMBRE

MARDI
10
DÉCEMBRE

MERCREDI
11
DÉCEMBRE

JEUDI
12
DÉCEMBRE

VENDREDI

13

DÉCEMBRE

SAMEDI

14

DÉCEMBRE

DIMANCHE

15

DÉCEMBRE

SEMAINE 51

LUNDI
16
DÉCEMBRE

☐
☐
☐
☐
☐
☐
☐

MARDI
17
DÉCEMBRE

☐
☐
☐
☐
☐
☐
☐

MERCREDI
18
DÉCEMBRE

☐
☐
☐
☐
☐
☐
☐

JEUDI
19
DÉCEMBRE

☐
☐
☐
☐
☐
☐
☐

VENDREDI
20
DÉCEMBRE

SAMEDI
21
DÉCEMBRE

DIMANCHE
22
DÉCEMBRE

SEMAINE 52

LUNDI
23
DÉCEMBRE

- [ ]
- [ ]
- [ ]
- [ ]
- [ ]
- [ ]
- [ ]

MARDI
24
DÉCEMBRE

- [ ]
- [ ]
- [ ]
- [ ]
- [ ]
- [ ]
- [ ]

MERCREDI
25
DÉCEMBRE

- [ ]
- [ ]
- [ ]
- [ ]
- [ ]
- [ ]
- [ ]

JEUDI
26
DÉCEMBRE

- [ ]
- [ ]
- [ ]
- [ ]
- [ ]
- [ ]
- [ ]

VENDREDI

27
DÉCEMBRE

☐
☐
☐
☐
☐
☐
☐

SAMEDI

28
DÉCEMBRE

☐
☐
☐
☐
☐
☐
☐

DIMANCHE

29
DÉCEMBRE

☐
☐
☐
☐
☐
☐
☐

EXAMENS

DATES IMPORTANTES

JANVIER

LUNDI	MARDI	MERCREDI
30	31	1
6	7	8
13	14	15
20	21	22
27	28	29

2020

JEUDI	VENDREDI	SAMEDI	DIMANCHE
2	3	4	5
9	10	11	12
16	17	18	19
23	24	25	26
30	31	1	2

SEMAINE 01

LUNDI

30
DÉCEMBRE

☐
☐
☐
☐
☐
☐
☐

MARDI

31
DÉCEMBRE

☐
☐
☐
☐
☐
☐
☐

MERCREDI

01
JANVIER

☐
☐
☐
☐
☐
☐
☐

JEUDI

02
JANVIER

☐
☐
☐
☐
☐
☐
☐

VENDREDI

03
JANVIER

SAMEDI

04
JANVIER

DIMANCHE

05
JANVIER

LUNDI

06

JANVIER

MARDI

07

JANVIER

MERCREDI

08

JANVIER

JEUDI

9

JANVIER

VENDREDI

10
JANVIER

☐
☐
☐
☐
☐
☐
☐

SAMEDI

11
JANVIER

☐
☐
☐
☐
☐
☐
☐

DIMANCHE

12
JANVIER

☐
☐
☐
☐
☐
☐
☐

SEMAINE 03

LUNDI
13
JANVIER

- [ ]
- [ ]
- [ ]
- [ ]
- [ ]
- [ ]
- [ ]

MARDI
14
JANVIER

- [ ]
- [ ]
- [ ]
- [ ]
- [ ]
- [ ]
- [ ]

MERCREDI
15
JANVIER

- [ ]
- [ ]
- [ ]
- [ ]
- [ ]
- [ ]
- [ ]

JEUDI
16
JANVIER

- [ ]
- [ ]
- [ ]
- [ ]
- [ ]
- [ ]
- [ ]

VENDREDI

17

JANVIER

SAMEDI

18

JANVIER

DIMANCHE

19

JANVIER

LUNDI

20

JANVIER

☐
☐
☐
☐
☐
☐
☐

MARDI

21

JANVIER

☐
☐
☐
☐
☐
☐

MERCREDI

22

JANVIER

☐
☐
☐
☐
☐
☐

JEUDI

23

JANVIER

☐
☐
☐
☐
☐
☐
☐

VENDREDI

24
JANVIER

☐
☐
☐
☐
☐
☐
☐

SAMEDI

25
JANVIER

☐
☐
☐
☐
☐
☐
☐

DIMANCHE

26
JANVIER

☐
☐
☐
☐
☐
☐
☐

SEMAINE 05

LUNDI
27
JANVIER

☐
☐
☐
☐
☐
☐
☐

MARDI
28
JANVIER

☐
☐
☐
☐
☐
☐
☐

MERCREDI
29
JANVIER

☐
☐
☐
☐
☐
☐
☐

JEUDI
30
JANVIER

☐
☐
☐
☐
☐
☐
☐

VENDREDI

31

JANVIER

☐
☐
☐
☐
☐
☐
☐
☐

SAMEDI

01

FÉVRIER

☐
☐
☐
☐
☐
☐
☐
☐

DIMANCHE

02

FÉVRIER

☐
☐
☐
☐
☐
☐
☐
☐

EXAMENS

_____
_____
_____
_____
_____
_____
_____
_____
_____

DATES IMPORTANTES

_____
_____
_____
_____
_____
_____

MAR 2020

LU MA ME JE VE SA DI
                      1
 2 3 4 5 6 7 8
 9 10 11 12 13 14 15
16 17 18 19 20 21 22
23 24 25 26 27 28 29
30 31

FÉVRIER

LUNDI	MARDI	MERCREDI
26	27	28
3	4	5
10	11	12
17	18	19
24	25	26

2020

JEUDI	VENDREDI	SAMEDI	DIMANCHE
29	30	1	2
6	7	8	9
13	14	15	16
20	21	22	23
27	28	29	1

LUNDI

03

FÉVRIER

MARDI

04

FÉVRIER

MERCREDI

05

FÉVRIER

JEUDI

06

FÉVRIER

FÉVRIER 2020

VENDREDI

07
FÉVRIER

☐
☐
☐
☐
☐
☐
☐

SAMEDI

08
FÉVRIER

☐
☐
☐
☐
☐
☐
☐

DIMANCHE

09
FÉVRIER

☐
☐
☐
☐
☐
☐
☐

SEMAINE 07

LUNDI
10
FÉVRIER

☐
☐
☐
☐
☐
☐
☐

MARDI
11
FÉVRIER

☐
☐
☐
☐
☐
☐

MERCREDI
12
FÉVRIER

☐
☐
☐
☐
☐
☐
☐

JEUDI
13
FÉVRIER

☐
☐
☐
☐
☐
☐
☐

VENDREDI

14
FÉVRIER

☐
☐
☐
☐
☐
☐
☐

SAMEDI

15
FÉVRIER

☐
☐
☐
☐
☐
☐
☐

DIMANCHE

16
FÉVRIER

☐
☐
☐
☐
☐
☐
☐

LUNDI

17
FÉVRIER

- [ ]
- [ ]
- [ ]
- [ ]
- [ ]
- [ ]
- [ ]

MARDI

18
FÉVRIER

- [ ]
- [ ]
- [ ]
- [ ]
- [ ]
- [ ]
- [ ]

MERCREDI

19
FÉVRIER

- [ ]
- [ ]
- [ ]
- [ ]
- [ ]
- [ ]
- [ ]

JEUDI

20
FÉVRIER

- [ ]
- [ ]
- [ ]
- [ ]
- [ ]
- [ ]
- [ ]

VENDREDI

21

FÉVRIER

☐
☐
☐
☐
☐
☐
☐
☐

SAMEDI

22

FÉVRIER

☐
☐
☐
☐
☐
☐
☐
☐

DIMANCHE

23

FÉVRIER

☐
☐
☐
☐
☐
☐
☐

SEMAINE 09

LUNDI
24
FÉVRIER

- [ ]
- [ ]
- [ ]
- [ ]
- [ ]
- [ ]
- [ ]
- [ ]

MARDI
25
FÉVRIER

- [ ]
- [ ]
- [ ]
- [ ]
- [ ]
- [ ]
- [ ]

MERCREDI
26
FÉVRIER

- [ ]
- [ ]
- [ ]
- [ ]
- [ ]
- [ ]
- [ ]

JEUDI
27
FÉVRIER

- [ ]
- [ ]
- [ ]
- [ ]
- [ ]
- [ ]

VENDREDI

28
FÉVRIER

☐
☐
☐
☐
☐
☐
☐

SAMEDI

29
FÉVRIER

☐
☐
☐
☐
☐
☐
☐

DIMANCHE

01
MARS

☐
☐
☐
☐
☐
☐
☐

FÉV 2020

LU	MA	ME	JE	VE	SA	DI
					1	2
3	4	5	6	7	8	9
10	11	12	13	14	15	16
17	18	19	20	21	22	23
24	25	26	27	28	29	

EXAMENS

_____
_____
_____
_____
_____
_____
_____
_____

DATES IMPORTANTES

_____
_____
_____
_____
_____
_____
_____

AVR 2020

LU	MA	ME	JE	VE	SA	DI
		1	2	3	4	5
6	7	8	9	10	11	12
13	14	15	16	17	18	19
20	21	22	23	24	25	26
27	28	29	30			

MARS

LUNDI	MARDI	MERCREDI
24	25	26
2	3	4
9	10	11
16	17	18
23	24	25
30	31	

2020

JEUDI	VENDREDI	SAMEDI	DIMANCHE
27	28	29	1
5	6	7	8
12	13	14	15
19	20	21	22
26	27	28	29

SEMAINE 10

LUNDI
02
MARS

☐
☐
☐
☐
☐
☐
☐

MARDI
03
MARS

☐
☐
☐
☐
☐
☐
☐

MERCREDI
04
MARS

☐
☐
☐
☐
☐
☐
☐

JEUDI
05
MARS

☐
☐
☐
☐
☐
☐
☐

VENDREDI

06
MARS

☐
☐
☐
☐
☐
☐
☐

SAMEDI

07
MARS

☐
☐
☐
☐
☐
☐
☐

DIMANCHE

08
MARS

☐
☐
☐
☐
☐
☐
☐

LUNDI
09
MARS

- [ ]
- [ ]
- [ ]
- [ ]
- [ ]
- [ ]
- [ ]

MARDI
10
MARS

- [ ]
- [ ]
- [ ]
- [ ]
- [ ]
- [ ]
- [ ]

MERCREDI
11
MARS

- [ ]
- [ ]
- [ ]
- [ ]
- [ ]
- [ ]
- [ ]

JEUDI
12
MARS

- [ ]
- [ ]
- [ ]
- [ ]
- [ ]
- [ ]
- [ ]

VENDREDI

13
MARS

- [ ]
- [ ]
- [ ]
- [ ]
- [ ]
- [ ]
- [ ]

SAMEDI

14
MARS

- [ ]
- [ ]
- [ ]
- [ ]
- [ ]
- [ ]
- [ ]

DIMANCHE

15
MARS

- [ ]
- [ ]
- [ ]
- [ ]
- [ ]
- [ ]
- [ ]

LUNDI

16
MARS

MARDI

17
MARS

MERCREDI

18
MARS

JEUDI

19
MARS

MARS 2020

VENDREDI

20
MARS

SAMEDI

21
MARS

DIMANCHE

22
MARS

SEMAINE 13

LUNDI
23
MARS

☐
☐
☐
☐
☐
☐
☐

MARDI
24
MARS

☐
☐
☐
☐
☐
☐
☐

MERCREDI
25
MARS

☐
☐
☐
☐
☐
☐
☐

JEUDI
26
MARS

☐
☐
☐
☐
☐
☐
☐

MARS 2020

VENDREDI

27
MARS

- ☐
- ☐
- ☐
- ☐
- ☐
- ☐
- ☐

SAMEDI

28
MARS

- ☐
- ☐
- ☐
- ☐
- ☐
- ☐
- ☐

DIMANCHE

29
MARS

- ☐
- ☐
- ☐
- ☐
- ☐
- ☐
- ☐

MAR 2020

LU	MA	ME	JE	VE	SA	DI
						1
2	3	4	5	6	7	8
9	10	11	12	13	14	15
16	17	18	19	20	21	22
23	24	25	26	27	28	29
30	31					

EXAMENS

_____

_____

_____

_____

_____

_____

_____

_____

DATES IMPORTANTES

_____

_____

_____

_____

_____

_____

MAI 2020

LU	MA	ME	JE	VE	SA	DI
				1	2	3
4	5	6	7	8	9	10
11	12	13	14	15	16	17
18	19	20	21	22	23	24
25	26	27	28	29	30	31

AVRIL

LUNDI	MARDI	MERCREDI
30	31	1
6	7	8
13	14	15
20	21	22
27	28	29

2020

JEUDI	VENDREDI	SAMEDI	DIMANCHE
2	3	4	5
9	10	11	12
16	17	18	19
23	24	25	26
30	1	2	3

LUNDI
30
AVRIL

MARDI
31
AVRIL

MERCREDI
01
AVRIL

JEUDI
02
AVRIL

VENDREDI

03
AVRIL

☐
☐
☐
☐
☐
☐
☐

SAMEDI

04
AVRIL

☐
☐
☐
☐
☐
☐
☐

DIMANCHE

05
AVRIL

☐
☐
☐
☐
☐
☐
☐

LUNDI
06
AVRIL

☐
☐
☐
☐
☐
☐
☐

MARDI
07
AVRIL

☐
☐
☐
☐
☐
☐
☐

MERCREDI
08
AVRIL

☐
☐
☐
☐
☐
☐
☐

JEUDI
09
AVRIL

☐
☐
☐
☐
☐
☐
☐

VENDREDI

10
AVRIL

☐
☐
☐
☐
☐
☐
☐

SAMEDI

11
AVRIL

☐
☐
☐
☐
☐
☐
☐

DIMANCHE

12
AVRIL

☐
☐
☐
☐
☐
☐
☐

SEMAINE 16

LUNDI
13
AVRIL

☐
☐
☐
☐
☐
☐
☐
☐

MARDI
14
AVRIL

☐
☐
☐
☐
☐
☐
☐

MERCREDI
15
AVRIL

☐
☐
☐
☐
☐
☐
☐
☐

JEUDI
16
AVRIL

☐
☐
☐
☐
☐
☐
☐

VENDREDI
17
AVRIL

☐
☐
☐
☐
☐
☐
☐

SAMEDI
18
AVRIL

☐
☐
☐
☐
☐
☐
☐

DIMANCHE
19
AVRIL

☐
☐
☐
☐
☐
☐
☐

LUNDI

20
AVRIL

MARDI

21
AVRIL

MERCREDI

22
AVRIL

JEUDI

23
AVRIL

AVRIL 2020

VENDREDI
24
AVRIL

- [ ]
- [ ]
- [ ]
- [ ]
- [ ]
- [ ]
- [ ]

SAMEDI
25
AVRIL

- [ ]
- [ ]
- [ ]
- [ ]
- [ ]
- [ ]
- [ ]

DIMANCHE
26
AVRIL

- [ ]
- [ ]
- [ ]
- [ ]
- [ ]
- [ ]
- [ ]

SEMAINE 18

LUNDI
27
AVRIL

☐
☐
☐
☐
☐
☐
☐

MARDI
28
AVRIL

☐
☐
☐
☐
☐
☐
☐

MERCREDI
29
AVRIL

☐
☐
☐
☐
☐
☐
☐

JEUDI
30
AVRIL

☐
☐
☐
☐
☐
☐
☐

VENDREDI

01

MAI

☐
☐
☐
☐
☐
☐
☐
☐

SAMEDI

02

MAI

☐
☐
☐
☐
☐
☐
☐
☐

DIMANCHE

03

MAI

☐
☐
☐
☐
☐
☐
☐
☐

AVR 2020

LU	MA	ME	JE	VE	SA	DI
		1	2	3	4	5
6	7	8	9	10	11	12
13	14	15	16	17	18	19
20	21	22	23	24	25	26
27	28	29	30			

EXAMENS

_____
_____
_____
_____
_____
_____
_____
_____

DATES IMPORTANTES

_____
_____
_____
_____
_____
_____
_____
_____

JUIN 2020

LU	MA	ME	JE	VE	SA	DI
1	2	3	4	5	6	7
8	9	10	11	12	13	14
15	16	17	18	19	20	21
22	23	24	25	26	27	28
29	30					

MAI

LUNDI	MARDI	MERCREDI
27	28	29
4	5	6
11	12	13
18	19	20
25	26	27

2020

JEUDI	VENDREDI	SAMEDI	DIMANCHE
30	1	2	3
7	8	9	10
14	15	16	17
21	22	23	24
28	29	30	31

SEMAINE 19

LUNDI
04
MAI

MARDI
05
MAI

MERCREDI
06
MAI

JEUDI
07
MAI

VENDREDI

08
MAI

☐
☐
☐
☐
☐
☐
☐

SAMEDI

09
MAI

☐
☐
☐
☐
☐
☐
☐

DIMANCHE

10
MAI

☐
☐
☐
☐
☐
☐
☐

SEMAINE 20

LUNDI
11
MAI

- [ ]
- [ ]
- [ ]
- [ ]
- [ ]
- [ ]
- [ ]

MARDI
12
MAI

- [ ]
- [ ]
- [ ]
- [ ]
- [ ]
- [ ]
- [ ]

MERCREDI
13
MAI

- [ ]
- [ ]
- [ ]
- [ ]
- [ ]
- [ ]
- [ ]

JEUDI
14
MAI

- [ ]
- [ ]
- [ ]
- [ ]
- [ ]
- [ ]
- [ ]

VENDREDI

15

MAI

☐
☐
☐
☐
☐
☐
☐

SAMEDI

16

MAI

☐
☐
☐
☐
☐
☐
☐

DIMANCHE

17

MAI

☐
☐
☐
☐
☐
☐
☐

SEMAINE 21

LUNDI
18
MAI

☐
☐
☐
☐
☐
☐
☐
☐

MARDI
19
MAI

☐
☐
☐
☐
☐
☐
☐

MERCREDI
20
MAI

☐
☐
☐
☐
☐
☐
☐

JEUDI
21
MAI

☐
☐
☐
☐
☐
☐

VENDREDI

22

MAI

☐
☐
☐
☐
☐
☐
☐
☐

SAMEDI

23

MAI

☐
☐
☐
☐
☐
☐
☐
☐

DIMANCHE

24

MAI

☐
☐
☐
☐
☐
☐
☐

SEMAINE 22

LUNDI
25
MAI

MARDI
26
MAI

MERCREDI
27
MAI

JEUDI
28
MAI

MAI 2020

VENDREDI

29
MAI

☐
☐
☐
☐
☐
☐
☐

SAMEDI

30
MAI

☐
☐
☐
☐
☐
☐
☐

DIMANCHE

31
MAI

☐
☐
☐
☐
☐
☐
☐

MAI 2020

LU MA ME JE VE SA DI

			1	2	3
4	5	6	7	8	9	10
11	12	13	14	15	16	17
18	19	20	21	22	23	24
25	26	27	28	29	30	31

EXAMENS

DATES
IMPORTANTES

JUIL 2020

LU MA ME JE VE SA DI

				1	2	3	4	5
6	7	8	9	10	11	12
13	14	15	16	17	18	19
20	21	22	23	24	25	26
27	28	29	30	31

JUIN

LUNDI	MARDI	MERCREDI
1	2	3
8	9	10
15	16	17
22	23	24
29	30	1

2020

JEUDI	VENDREDI	SAMEDI	DIMANCHE
4	5	6	7
11	12	13	14
18	19	20	21
25	26	27	28
2	3	4	5

SEMAINE 23

LUNDI
01
JUIN

MARDI
02
JUIN

MERCREDI
03
JUIN

JEUDI
04
JUIN

VENDREDI

05
JUIN

☐
☐
☐
☐
☐
☐
☐
☐

SAMEDI

06
JUIN

☐
☐
☐
☐
☐
☐
☐

DIMANCHE

07
JUIN

☐
☐
☐
☐
☐
☐
☐

SEMAINE 24

LUNDI
08
JUIN

MARDI
09
JUIN

MERCREDI
10
JUIN

JEUDI
11
JUIN

VENDREDI

12
JUIN

☐
☐
☐
☐
☐
☐
☐

SAMEDI

13
JUIN

☐
☐
☐
☐
☐
☐
☐

DIMANCHE

14
JUIN

☐
☐
☐
☐
☐
☐
☐

SEMAINE 25

LUNDI
15
JUIN

☐
☐
☐
☐
☐
☐
☐

MARDI
16
JUIN

☐
☐
☐
☐
☐
☐
☐

MERCREDI
17
JUIN

☐
☐
☐
☐
☐
☐
☐

JEUDI
18
JUIN

☐
☐
☐
☐
☐
☐
☐

VENDREDI

19
JUIN

☐
☐
☐
☐
☐
☐
☐

SAMEDI

20
JUIN

☐
☐
☐
☐
☐
☐
☐

DIMANCHE

21
JUIN

☐
☐
☐
☐
☐
☐
☐

SEMAINE 26

LUNDI

22

JUIN

MARDI

23

JUIN

MERCREDI

24

JUIN

JEUDI

25

JUIN

VENDREDI

26
JUIN

☐
☐
☐
☐
☐
☐
☐

SAMEDI

27
JUIN

☐
☐
☐
☐
☐
☐
☐

DIMANCHE

28
JUIN

☐
☐
☐
☐
☐
☐
☐

LUNDI
29
JUIN

MARDI
30
JUIN

MERCREDI
01
JUILLET

JEUDI
02
JUILLET

VENDREDI

03
JUILLET

☐
☐
☐
☐
☐
☐
☐

SAMEDI

04
JUILLET

☐
☐
☐
☐
☐
☐
☐

DIMANCHE

05
JUILLET

☐
☐
☐
☐
☐
☐
☐

JUIN 2020

LU MA ME JE VE SA DI

1	2	3	4	5	6	7
8	9	10	11	12	13	14
15	16	17	18	19	20	21
22	23	24	25	26	27	28
29	30					

EXAMENS

DATES IMPORTANTES

AOÛT 2020

LU MA ME JE VE SA DI

					1	2
3	4	5	6	7	8	9
10	11	12	13	14	15	16
17	18	19	20	21	22	23
24	25	26	27	28	29	30
31						

JUILLET

LUNDI	MARDI	MERCREDI
29	30	1
6	7	8
13	14	15
20	21	22
27	28	29

JEUDI	VENDREDI	SAMEDI	DIMANCHE
2	3	4	5
9	10	11	12
16	17	18	19
23	24	25	26
30	31	1	2

SEMAINE 28

LUNDI
06
JUILLET

MARDI
07
JUILLET

MERCREDI
08
JUILLET

JEUDI
09
JUILLET

VENDREDI

10

JUILLET

☐
☐
☐
☐
☐
☐
☐
☐

SAMEDI

11

JUILLET

☐
☐
☐
☐
☐
☐
☐
☐

DIMANCHE

12

JUILLET

☐
☐
☐
☐
☐
☐
☐
☐

SEMAINE 29

LUNDI
13
JUILLET

☐
☐
☐
☐
☐
☐
☐
☐

MARDI
14
JUILLET

☐
☐
☐
☐
☐
☐
☐

MERCREDI
15
JUILLET

☐
☐
☐
☐
☐
☐
☐

JEUDI
16
JUILLET

☐
☐
☐
☐
☐
☐
☐

VENDREDI

17
JUILLET

☐
☐
☐
☐
☐
☐
☐

SAMEDI

18
JUILLET

☐
☐
☐
☐
☐
☐
☐

DIMANCHE

19
JUILLET

☐
☐
☐
☐
☐
☐
☐

SEMAINE 30

LUNDI
20
JUILLET

☐
☐
☐
☐
☐
☐
☐

MARDI
21
JUILLET

☐
☐
☐
☐
☐
☐
☐

MERCREDI
22
JUILLET

☐
☐
☐
☐
☐
☐
☐

JEUDI
23
JUILLET

☐
☐
☐
☐
☐
☐
☐

VENDREDI

24
JUILLET

☐
☐
☐
☐
☐
☐
☐

SAMEDI

25
JUILLET

☐
☐
☐
☐
☐
☐
☐

DIMANCHE

26
JUILLET

☐
☐
☐
☐
☐
☐
☐

SEMAINE 31

LUNDI
27
JUILLET

MARDI
28
JUILLET

MERCREDI
29
JUILLET

JEUDI
30
JUILLET

VENDREDI

31
AOÛT

- [ ]
- [ ]
- [ ]
- [ ]
- [ ]
- [ ]
- [ ]

SAMEDI

01
AOÛT

- [ ]
- [ ]
- [ ]
- [ ]
- [ ]
- [ ]
- [ ]

DIMANCHE

02
AOÛT

- [ ]
- [ ]
- [ ]
- [ ]
- [ ]
- [ ]
- [ ]

JUIL 2020

LU MA ME JE VE SA DI
		1	2	3	4	5
6	7	8	9	10	11	12
13	14	15	16	17	18	19
20	21	22	23	24	25	26
27	28	29	30	31		

EXAMENS

DATES IMPORTANTES

SEPT 2020

LU MA ME JE VE SA DI
1	2	3	4	5	6
7	8	9	10	11	12	13
14	15	16	17	18	19	20
21	22	23	24	25	26	27
28	29	30				

AOÛT

LUNDI	MARDI	MERCREDI
26	27	28
3	4	5
10	11	12
17	18	19
24	25	26
31		

2020

JEUDI	VENDREDI	SAMEDI	DIMANCHE
29	31	1	2
6	7	8	9
13	14	15	16
20	21	22	23
27	28	29	30

SEMAINE 32

LUNDI
03
AOÛT

- [ ]
- [ ]
- [ ]
- [ ]
- [ ]
- [ ]
- [ ]

MARDI
04
AOÛT

- [ ]
- [ ]
- [ ]
- [ ]
- [ ]
- [ ]
- [ ]

MERCREDI
05
AOÛT

- [ ]
- [ ]
- [ ]
- [ ]
- [ ]
- [ ]
- [ ]

JEUDI
06
AOÛT

- [ ]
- [ ]
- [ ]
- [ ]
- [ ]
- [ ]
- [ ]

VENDREDI

07
AOÛT

SAMEDI

08
AOÛT

DIMANCHE

09
AOÛT

SEMAINE 33

LUNDI
10
AOÛT

MARDI
11
AOÛT

MERCREDI
12
AOÛT

JEUDI
13
AOÛT

VENDREDI

14
AOÛT

☐
☐
☐
☐
☐
☐
☐
☐

SAMEDI

15
AOÛT

☐
☐
☐
☐
☐
☐
☐

DIMANCHE

16
AOÛT

☐
☐
☐
☐
☐
☐
☐

SEMAINE 34

LUNDI
17
AOÛT

MARDI
18
AOÛT

MERCREDI
19
AOÛT

JEUDI
20
AOÛT

VENDREDI

21
AOÛT

☐
☐
☐
☐
☐
☐
☐

SAMEDI

22
AOÛT

☐
☐
☐
☐
☐
☐
☐

DIMANCHE

23
AOÛT

☐
☐
☐
☐
☐
☐
☐

SEMAINE 35

LUNDI
24
AOÛT

☐
☐
☐
☐
☐
☐
☐

MARDI
25
AOÛT

☐
☐
☐
☐
☐
☐
☐

MERCREDI
26
AOÛT

☐
☐
☐
☐
☐
☐
☐

JEUDI
27
AOÛT

☐
☐
☐
☐
☐
☐
☐

AOÛT 2020

VENDREDI
28
AOÛT

- ☐
- ☐
- ☐
- ☐
- ☐
- ☐
- ☐

SAMEDI
29
AOÛT

- ☐
- ☐
- ☐
- ☐
- ☐
- ☐
- ☐

DIMANCHE
30
AOÛT

- ☐
- ☐
- ☐
- ☐
- ☐
- ☐
- ☐

SEMAINE 34

LUNDI
31
AOÛT

MARDI
01
SEPTEMBRE

MERCREDI
02
SEPTEMBRE

JEUDI
03
SEPTEMBRE

VENDREDI

04

SEPTEMBRE

☐
☐
☐
☐
☐
☐
☐

SAMEDI

05

SEPTEMBRE

☐
☐
☐
☐
☐
☐
☐

DIMANCHE

06

SEPTEMBRE

☐
☐
☐
☐
☐
☐
☐

NOTES

JAN 2021

LU	MA	ME	JE	VE	SA	DI
				1	2	3
4	5	6	7	8	9	10
11	12	13	14	15	16	17
18	19	20	21	22	23	24

FÉV 2021

LU	MA	ME	JE	VE	SA	DI
1	2	3	4	5	6	7
8	9	10	11	12	13	14
15	16	17	18	19	20	21
22	23	24	25	26	27	28

MAR 2021

LU	MA	ME	JE	VE	SA	DI
1	2	3	4	5	6	7
8	9	10	11	12	13	14
15	16	17	18	19	20	21
22	23	24	25	26	27	28
29	30	31				

AVR 2021

LU	MA	ME	JE	VE	SA	DI
			1	2	3	4
5	6	7	8	9	10	11
12	13	14	15	16	17	18
19	20	21	22	23	24	25
26	27	28	29	30		

MAI 2021

LU	MA	ME	JE	VE	SA	DI
					1	2
3	4	5	6	7	8	9
10	11	12	13	14	15	16
17	18	19	20	21	22	23
24	25	26	27	28	29	30
31						

JUIN 2021

LU	MA	ME	JE	VE	SA	DI
	1	2	3	4	5	6
7	8	9	10	11	12	13
14	15	16	17	18	19	20
21	22	23	24	25	26	27
28	29	30				

JUIL 2021

LU	MA	ME	JE	VE	SA	DI
			1	2	3	4
5	6	7	8	9	10	11
12	13	14	15	16	17	18
19	20	21	22	23	24	25
26	27	28	29	30	31	

AOÛT 2021

LU	MA	ME	JE	VE	SA	DI
						1
2	3	4	5	6	7	8
9	10	11	12	13	14	15
16	17	18	19	20	21	22
23	24	25	26	27	28	29
30	31					

SEP 2021

LU	MA	ME	JE	VE	SA	DI
		1	2	3	4	5
6	7	8	9	10	11	12
13	14	15	16	17	18	19
20	21	22	23	24	25	26
27	28	29	30			

OCT 2021

LU	MA	ME	JE	VE	SA	DI
				1	2	3
4	5	6	7	8	9	10
11	12	13	14	15	16	17
18	19	20	21	22	23	24
25	26	27	28	29	30	31

NOV 2021

LU	MA	ME	JE	VE	SA	DI
1	2	3	4	5	6	7
8	9	10	11	12	13	14
15	16	17	18	19	20	21
22	23	24	25	26	27	28
29	30					

DÉC 2021

LU	MA	ME	JE	VE	SA	DI
		1	2	3	4	5
6	7	8	9	10	11	12
13	14	15	16	17	18	19
20	21	22	23	24	25	26
27	28	29	30	31		

Impressum

Feedback:
feedback@mertens-publication.de

Edition : Books on Demand,
12/14 rond-Point des Champs-Elysées, 75008 Paris
Impression : BoD - Books on Demand, Norderstedt, Allemagne
ISBN :
9782322122929

Mertens Ventures Ltd.
Tefkrou Anthia No 2 Office 301
6045 Larnaca
Zypern
E-Mail: kontakt@mertens-publication.de

Dépôt légal : juillet 2019